매란국죽
梅蘭菊竹

이재만 시집
매란국죽 梅蘭菊竹

인쇄   2020년 1월 5일
발행   2020년 1월 10일

지은이 이 재 만
펴낸이 김 서 종
펴낸곳 도서출판 Book Manager
          전주시 완산구 메너머4길 25-6
전 화 063-226-4321
팩 스 063-226-4330

출판등록 제 95-3호
전자우편 102030@hanmail.net

값 10,000원

ISBN 978 89 6036 405 9 03810

※ 저자와 협의하여 인지는 생략합니다.
※ 작품의 무단 복제·전재를 금합니다.
※ 잘못된 책은 바꿔 드립니다.

이 도서의 국립중앙도서관 출판예정도서목록(CIP)은 서지정보유통지원시스템 홈페이지(http://seoji.nl.go.kr)와 국가자료종합목록 구축시스템(http://kolis-net.nl.go.kr)에서 이용하실 수 있습니다.(CIP제어번호 : CIP2019051488)

매란국죽
梅蘭菊竹

이재만 시집

■ 시인의 말

인간은 누구나
딱 한 번 왔다 가는 인생

아주 오래전 어느 가수가 부른
'인생은 나그넷길'이라는 가사처럼
지난일을 돌이켜보면
필자도 특별할 것 없는 하나의
나그네일 뿐이다

첨언添言한다면
전쟁 때 태어나 산전수전 다 겪은
인고忍苦의 세대이자
무無에서 유有를 창조한 세대라 해도
그리 과장된 표현은 아닐 것이다

지난날 주경야독으로 공직자가 되어
성실히 임했고 은퇴와 동시에
고향에 낙향한 지도 어언 10년이 넘었다

이번에 상재上梓한 다섯 번째 작품집은
정형시(시조)로 꾸며보았다

이 또한 안빈낙도하는 마음으로
자연과 벗하며 얻은 결과물이다

글줄이나 쓴다는 문인들은 한결같이
한 줄의 글을 얻기 위해 목말라한다

현지답사에 따른 자료수집과 조립과정,
그리고 한 편의 시가 완성될 때까지의
진통과 환희,
이 모두는 주지周知의 사실이다

어느덧
황혼의 길목에서
졸필이나마 한 줄의 글을
쓸 수 있다는 여유로움
나는 참으로 행복하다

각설하고

그동안 저를 지켜봐주신 여러 문우님들,
그리고 열렬히 성원해주신 독자 제위,
친지들께도 무한한 감사의 말씀을 드립니다.

2019년 12월
井邑 아파트 둥지에서

哲山 이재만

차례

■ 시인의 말 • 4

매월 향

봄 쑥	12
가을 서정	13
겨울 산행	14
공원의 사연事緣	15
가을과 그리움	16
고드름	17
고목	18
그리움	19
코스모스 연정	20
봄의 소곡	21
극락의 계절	22
달빛 소야곡	23
백리 향	24
봄과 애사哀詞	25
산정	26
어떤 나목	27
영장靈長	28
봄의 환희	29
오지의 고민	30
일소一掃가 정답	31
자료 찾기	32
벚꽃 축제	33

난

벽련암에서	36
습성	37
준비	38
고별주	39
금주禁酒의 하소연	40
길이란	42
애주가	43
복날과 견공犬公	44
식후경食後景	45
할멈의 횡재橫財	46
행로	47
향수	48
허무	50
헌옷	51
호박꽃	52
산내면 구절초 테마공원	53
삼복의 양면	54
아파트 숲 날짐승	55
외풍	56
정읍사井邑詞	57
삶의 그래프	58
우자愚者의 한탄	59

 국화

황새의 자존심	62
절규	63
국론 분열	64
타락한 정치판 1	65
타락한 정치판 2	66
삼일절 슬픈 역사	67
변질된 종교	68
인간쓰레기	69
온난화	70
떳떳하다면	71
멍청한 시인詩人	72
김 알렉산드라	73
어떤 노무자	74
개성個性의 교훈	75
치욕의 흉터	76
무색하다	77
미래의 궁금증	78
방장산에 올라	79
산사태	80
선돌바위	81
고진감래	82
성패成敗의 차이	83

 죽

나이테	86
노년의 서글픔	87
늙은 감나무	88
세월 탓	89
고물 할머니	90
고희古稀	91
죽음에 대하여	92
염세厭世	93
적선	94
죽림竹林	95
햅 찐쌀(올기 쌀)	96
할미꽃	97
자식 사랑	98
어머니의 지론	99
인내의 효과	100
대물림	101
김장철	102
새벽예불	103
옛 생각	104
사모곡	105
젓갈	106

■ 집필을 마치며 • 107

매월 향 梅月香

달빛의 숨소리가
은은한 야삼경에

야릇한 꿈을 꾸다
잠 설쳐 밖을 보니

그윽한
봄 향기 싣고
미소 짓는 그대여

제1부

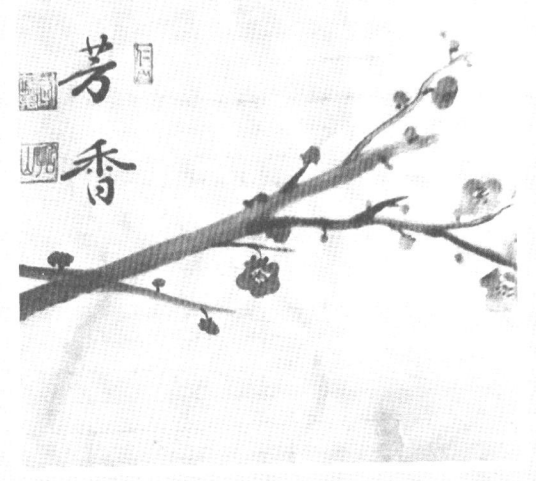

梅

봄 쑥

완연한 봄기운
산야를 감쌀 때면
지천에 퍼져 있는
향기로운 쑥 내음

삼동을
참고 견딘 후
파릇파릇 돋았다

그 옛날 춘궁기
허기진 어린 시절
먹을 것은 무엇이든
거부감이 없었고

끈질긴
쑥의 생명력
우리 민족 닮았다

가을 서정

가끔씩 넘나들던
정분난 고갯길
낙하한 분신들의
방향 잃은 몸부림을
저기 저
외딴집 한 채 쓸쓸히 지켜본다

즐비하던 광야는
휴식을 준비하고
수확기 지나가면
쓸쓸한 허허벌판
풀벌레
애절한 절규 깊어가는 가을밤

겨울 산행

앙상한 나목이
수행하는 산기슭을
행여나 방해될까
조심조심 걷는데
저만큼 토끼 발자국
선명하게 찍혔다

빙판에 엉덩방아
골반이 얼얼한데
숨어서 지켜보던
한 무리의 산새들
일시에 혀를 차면서
후루룩 솟구친다

공원의 사연事緣

갖가지 사연들이
웅성대는 근린공원

먹다 만 술 한 병과
과자봉지 남겨놓고

오늘도
사연 하나가
먼 여행길 떠났다

가을과 그리움

황금빛 들녘을
하염없이 걷다 보면
풀숲의 귀뚜라미
목놓아 울어대고
하늘이
활짝 열리며
그리움이 내려온다

전쟁 없고 흉년 없는
요즘 같은 호시절에
슬픔과 그리움은
나만의 연례행사
어이해
가을만 되면
내 가슴에 머무는가

고드름

한겨울 추녀 끝에
거꾸로 매달리어

온종일 제 몸 녹여
여위어가는 모습

가신 임 그리워 우는
뜨거운 눈물 자국

고목

뒷동산 오솔길 옆
소나무 몇 그루
칡넝쿨에 칭칭 감겨
신열을 앓더니만
어느 날
자세히 보니
목숨줄을 놓았네

산짐승 숨소리가
들리는 임도 옆에
몇 그루 고목 유골
보기가 언짢던데
드디어
전기톱으로
유골들을 수습한다

그리움

어머니 옛 모습이
남아 있던 주막은
도로가 점령하여
행방이 묘연하고

술 익는
향긋한 내음
까마득히 묻혔네

코스모스 연정

가로수 사이사이
활짝 핀 코스모스
나긋한 체질에
청초한 아름다움
바람이
몸을 밀쳐도
머리는 안 숙인다

이 땅에 이민 와서
정착한 멕시코댁
바람에 흔들리는
허약체질 같지만
도자기
머리에 이고
중심 잡는 야생화

봄의 소곡

삼동을 동면하다
잠을 깬 봄의 요정
시기를 놓칠세라
바쁘게 서두를 때
거만한
꽃샘추위도 맥 못 추고 녹는다

향긋한 봄 내음은
발정기의 암내인가
바람난 산자락은
신혼살림 준비하고
빈 들의
소곤거림은 새 생명을 재촉한다

극락의 계절

헌활하다 가을 하늘
불타는 만산홍엽滿山紅葉

국화 향 짙은 내음
풍만한 황금들녘

오늘도
행장을 챙겨
극락 여행 나선다

풍요는 극락이요
빈곤은 지옥이라

이승의 극락계도
지척에 있는 것을

어이해
사후 극락만
철석같이 믿는가

달빛 소야곡

깊은 밤 고향 마을 달빛이 여울지면
뒷동산 숲속에서 칭얼대던 소쩍새
지금도 여운이 남아 담고 싶은 그 시절

초가집 지붕 위로 달빛이 쏟아지면
둥그런 방석 위에 웃고 있는 아기 달
어릴 적 요람에 싸인 내 모습도 저랬을까

산하는 쥐 죽은 듯 고요한 이 한밤에
높이 뜬 보름달이 은빛을 토할 때면
가신 임 그리워하며 하얗게 지새는 밤

백리 향

향기가 백 리를 미친다는 백리 향
그대는 전생에 도덕 높은 고산 도인
취해도 술주정 없는 향기 높은 입술꽃

높은 산 바위틈에 분 냄새 가득 담은
그대는 전생에 절세가인 일등 명기名妓
개화기 간절한 부탁에 내어주는 허브 향

옛날 경주 최 부잣집 가훈 내용 중에
백 리 안에 굶어죽는 자 없게 하라 함은
한 번쯤 되새겨볼 만한 백리 향의 덕목이다

봄과 애사哀詞

연둣빛 일렁이는
산하를 볼 때마다

오매불망 사무치는
서글픈 사모곡

아직껏
아물지 않고
깊어지는 그리움

산정

마음이 울적할 때 찾아가는 무릉도원
산신과 요정이 직방으로 치유하는
누구든 그곳에 가면 온몸이 개운하다

고적한 산사에 풍경소리 울릴 때면
산새들 청아하게 법문을 토하지만
범부는 알지 못하고 곡차에 얼큰하다

속세의 번민을 잊게 하는 산정이여
그대는 어찌하여 그토록 의연한가
도지는 역마직성에 해 지는 줄 몰라라

어떤 나목

지난날 교만 불손
뽐내던 거목 하나

얼마 전 벼락 맞아
앙상한 벌거숭이

꼴불견
기백은 남아
홀가분한 몸이란다

영장靈長

인간은 동물 중에
짐승인가 영장인가
인두겁 인면수심
짐승만도 못한 자
선악을
구별 못하는 영장도 있다던가

양심과 죄의식이
결여된 요즘 세상
혹자는 말하기를
말세의 증조라고
세상이
망하고 나면 영장이 있다던가

봄의 환희

봄비가 촉촉하게
산하를 적실 때면

잉태한 봄의 여신
출산을 서두르고

연둣빛
어린 생명들
초롱초롱 눈뜬다

오지의 고민

오지의 농촌 마을 고민이 깊어간다
숲속의 양상군자 농작물 망쳐놓고
동란 시
빨치산처럼 삽시간에 사라진다

동물과 농부들 간 중재가 절실한데
마땅한 중재자가 아직은 요원하고
동물들
생존권 투쟁 유격전술 능숙하다

무지한 무법자와 지키려는 농부들
숲속의 양상군자 빈번한 보급투쟁
농부는
어쩔 수 없이 엽총 들고 나선다

일소一掃가 정답

바둑 장기 게임에도
일수불퇴 원칙인데
요즈음 위정자들
말 바꾸기 다반사라
후손들
듣고 본 대로
따라 할까 걱정된다

주권을 위임받은
국민의 선량인데
천종天縱의 특권인 양
잘못된 선민選民의식
후손을
생각한다면
일소一掃가 정답이네

자료 찾기

들녘을 거닐면서 흙 한 줌 만져보고
수풀 속에 들어가 초목도 만져보고
시인은 자료를 찾아 이곳저곳 구걸한다

자료는 자연 속에 잠재되어 있는데
탁류 천변이라도 잘 보면 있으련만
백옥이 진토에 묻힌 듯 쉽게 찾기 어렵다

자료는 특별할 것 없는 평범한 친구들
대지와 심산유곡 어디든 있기 마련
하나 둘 만나다 보면 은근히 내어준다

벚꽃 축제

삼동의 칼바람을
악착같이 버텨낸
화사한 벚꽃 미인
기회를 놓칠세라
엄청난
인기몰이에
순회공연 나선다

산 너머 남쪽나라
봄소식 전해오면
삼동을 칩거하며
준비한 벚꽃 향연
삼일절
기념행사에
펑펑 터진 함성!

난 蘭

그대는 어찌하여
사시사철 푸르르며

심산유곡 외딴곳에
향기 가득 피우는가

언제나
늘 푸른 기상
늙을 줄도 모르고

제2부

蘭

벽련암에서

내장산 높은 곳에 둥지 튼 벽련암
일주문 정자 위에 가쁜 숨 달래놓고
눈 들어
하늘을 보니 한 폭의 그림일세

벽련암 단풍나무 삼백 살이 넘었어도
대웅전 바라보며 넙죽넙죽 공양 인사
부처님
미소 지으며 덥석덥석 챙긴다

대웅전 천불전 주련 글씨 선명한데
연못 위 미륵보살 미소 수행 일깨우고
주변의
수려한 산세 극락정토 같아라

높이 뜬 해동청 서래봉을 희롱할 적
준령을 굽어보며 사라지는 신선 구름
산사는
한산해지며 뉘엿뉘엿 잠긴다

습성

허리띠 졸라매고
산전수전 다 겪으며
더울 때나 추울 때나
지난했던 쓴 세월
쓴맛에
익숙한 부모 단맛 쓴맛 안 가리고

배부르고 등 따습고
좋은 환경 좋은 학교
온실에 자라면서
단물만 섭취하던
단맛에
익숙한 자식 단맛인 줄 모르더라

준비

구만리 같던 청춘
서서히 묻으면서

내일을 위하여
묵묵히 견뎌온 세월

앞으로 닥쳐올 미래
어림잡아 재어본다

고별주

가을이 깊어가는
고즈넉한 공원 벤치
낙엽은 하나둘씩
떨어져 나뒹굴고
오늘도
절친 하나가
영면했단 소식이다

단 한 번 왔다 가는
뜬구름 인생무상
친구들 하나둘씩
갑자기 사라지고
말 없는
작별 인사는
술 한 잔이 고작인가

금주禁酒의 하소연

갈증이 엄습하는
한여름 석양 무렵
몇 푼 남은 노령연금
만지작거리다가
술집을
지나쳐가며
마른침만 삼킨다

술 먹고 팁 줄 때는
사장이라 부르더니
술집에 발 끊으니
눈길도 주지 않고
주모와
마주칠 때면
안면을 바꾸더라

주당들 만날 때면
손사래로 대했더니
사람이 변하면
곧 죽는다 지청구

술 끊고
죽었다는 말
들어본 적 없느니

길이란

길이란
산을 넘고 물을 건너 들을 지나
때로는
돌밭길 가시밭길 시궁창길
여행을
시작하기 전 간추려볼 일이다

우리는
모두가 길을 걷는 나그네
누구든
제 갈 길을 선택하기 마련인데
제각각
지향에 따라 결정되는 운명선

애주가

술이라는 음식은 신이 내린 괴물인가
갈증을 달래려고 엉거주춤 앉고 보니
속없는 붉은 노을이 얼굴을 엄습한다

새벽녘 공복주는 하루일을 망치고
적당하면 보약이요 넘치면 극약이라
음주도 도가 있는 법 과음은 패가망신

풍류가 없는 세상 살맛이 나겠는가
잘 익은 술 한 병을 마주하고 앉았더니
술잔은 입을 벌리고 흡족하게 웃는다

복날과 견공犬公

한여름
찜통더위
복날은 다가오고

가마솥
바라보며
묶여 있는 개 한 마리

하늘도
무심하다며
체념한 듯 기다린다

식후경 食後景

사전 준비 노후보장
보험사 이론이고

신앙생활 사후보장
목회자 설교 말씀

하지만
우선순위는
식후경이 제일이다

할멈의 횡재橫財

고적한 산기슭에
요란한 푸닥거리

등 굽은 삼신 할멈
끝날 때를 기다리다

무당이
두고 간 음식
반색하며 챙긴다

행로

하룻길 나설 때면
중도 보고 소도 보고

넘어가고 건너가고
돌아가는 굴곡선

누구든
감내해야 할 인생행로 굽잇길

향수

①
초가집 굴뚝마다
연기가 모락모락

안마당 멍석 옆에
모깃불이 모락모락

저녁상
물리고 나면
이야기꽃 모락모락

②
한여름 울 밑에서
졸고 있는 봉선화

누이는 꽃잎을 따
손톱에 물들이고

백합꽃
얼굴에 피어
환하게 웃던 모습

③
첫새벽 어머니는
밥 짓고 청소하며

등굣길 늦을세라
호통치던 그 모습

지금은
모두 떠나고
주인 바뀐 옛 집터

허무

갈증이 날 때마다 자주 찾던 선술집

덩치 큰 늙은 주모 입담이 좋았는데

어느 날 찾아가보니 먼 길 가고 없었다

헌 옷

건강과 품행을
유지해준 정든 친구

동거하다 헤지고
유행 지나 버려져도

버젓이
재활용 차에
손 흔들며 실려간다

호박꽃

생김새는 메주 같고
낯빛은 황달 병자
그것도 꽃이라고
날아가는 벌 나비에
머리 좀
얹어달라고
볼 때마다 애걸복걸

꿀맛이 일품인가
측은지심 발로였나
벌 나비 무상시
왕래가 분주하더니
꽃잎은
생리를 멈춰
영양 덩이 무럭무럭

산내면 구절초 테마공원

구절초 만개하여 군락을 이룬 언덕
내방객 맞이하며 웃고 있는 구절초
벌 나비
신바람 난 듯 춤사위가 일품이네

구절 폭포 물 안개는 나래 펴며 비상하고
고풍스런 혜당정 손짓하며 부르는데
추령천
맑은 물줄기 옥정호를 이루고

홍, 백색 어우러진 개성미의 꽃동산
개화를 유혹하는 벌 나비의 오페라에
구절초
화전놀이는 하루해가 짧더라

삼복의 양면

소나기 한 줄기가
절실한 이 계절에

땡볕의 매미들은
목청이 터지는데

합죽선 들고 폼 재는
청각장애 위정자들

아파트 숲 날짐승

아파트 사이사이 관상수 꼭대기에
나뭇가지 엮어 지은 산새들 보금자리
깊은 산
천적을 피해 피난 와 정착한 새

보증금 한 푼 없이 공터 숲 점유하고
층간의 소음 다툼 고성이 들릴 때면
간밤에
잠 설쳤다고 배설하며 눈 흘긴다

인간은 날짐승을 미물로 여기지만
그들의 사는 방법 기발하고 절묘하다
이 세상
모든 생명체 제 사는 법 알고 있다

외풍

봄바람 춤바람에 강풍이 불어온다
외풍에 시달리는 삼천리금수강산
지구촌
약소국가들 바람 잘 날 있더냐

혼탁한 경기장에 너부러진 쓰레기
국력이 우선임은 역사적 교훈인데
우리의
다음 세대는 무슨 바람 맞을까

정읍사 井邑詞

행상 나간 남편의
밤길을 염려하며
애절한 사연 품고
오늘도 기다리는
소박한
백제 여인의
구구절절 노랫말

등잔불 손에 들고
먼 길을 응시하는
간절한 소망과
애틋한 사랑의 넋
영원한
망부석으로
길이 빛날 여인상

삶의 그래프

외길만 고집하며
앞만 보고 달려온 길

뼈마디에 박힌 옹이
연륜을 나타내고

지금은 여유가 생겨
뒷모습을 돌아본다

그래프 그림처럼
기복은 들쑥날쑥

인고의 풍화작용
짜릿한 옛 자취들

한 줌의 흙이 되기 전
굴곡선은 이어진다

우자愚者의 한탄

이것도 아니 되고
저것도 아니 되고

해보지 아니하고
안 된다 지레짐작

안 된다
한탄만 하다
끝나버린 우자愚者여

국화 菊花

싸늘한 가을바람
비웃듯 희롱하며

찬 서리 견뎌내고
피어난 거만한 꽃

참신한
오상고절은
볼 때마다 의젓하다

제3부

菊

황새의 자존심

뒷동산 양지쪽에
둥지 튼 황새 부부
부화한 새 생명을
애지중지 보살핀다

천륜의
도리를 아는
천연기념물 관조鸛鳥

천년도 거뜬했던
가문의 아름다움
행여나 더럽힐까
노심초사하면서

작금의
타락과 오염
훨훨 날며 털어낸다

절규

구직의 열기는 점점 식어만 가는데

발바닥이 무쇠라도 견디기 어려운데

양질의 일자리 찾아 발품 팔이 천릿길

국론 분열

태풍이 한반도를 몇 차례 강타한 후
이곳저곳 할퀸 자리 복구가 우선인데
도깨비 불꽃놀이에
동원되는 관광버스

조선 시대 사색당파 동란 때 좌익 우익
허리는 두 동강난 채 민심마저 양분된 땅
현대판 동서 분쟁을
잠재울 이 누구인가

갈라선 군중들이 맞불을 놓을 때면
세습왕조 사회주의 춤추며 즐기는 밤
늦은 밤 우렛소리에
불면증만 도진다

타락한 정치판 1

자기 이름 석 자가 그렇게 중요한가
아집과 오욕으로 뒤범벅된 면면들
노련한 감언이설로 나불나불거린다

빈번한 말실수로 달변인 양 떠들고
정치소설 작가는 놀고먹는 정치꾼
실세에 머리 숙이는 숙달된 교언영색

권력을 방패삼아 기분 내는 위정자들
난세에 있을 법한 육도삼략 정치공세
국민을 편히 모셔라 허울 좋은 말잔치

타락한 정치판 2

힘 있는 고관대작 요직을 독점하고
민생은 뒷전인데 혈세로 흥청망청
정권이 바뀔 때마다 반복되는 제사상

작금의 당상관들 오만과 교만 불손
고급술에 고급 안주 술주정이 가관이다
후손에 남겨질 오점 두렵지 아니한가

국민이 내린 완장 책임감은 어디 가고
국민을 무시하고 설치는 정치판 새
후손들 무엇을 배워 이 나라를 보존할까?

삼일절 슬픈 역사

기미년 3월 1일 울려 퍼진 만세 소리
수많은 애국지사가 옥고를 치렀으니
참으로 그때의 봄은 슬픔의 봄이었다

움츠렸던 청보리 기지개를 켜는 계절
허기진 시절에도 함성은 들렸다
봄기운 아롱거릴 때 높고 높던 보릿고개

친일파 매국노가 득세하던 그 시절
피골이 상접한 민초들의 기아선상
식민지 약소민족의 수난의 슬픈 역사

삼천리 금수강산 유구한 역사 속에
목숨줄 놓지 않고 버텨온 백의민족
무궁한 민족정기를 어느 누가 끊겠는가

변질된 종교

태고순민 때부터 신앙은 존재했고
유신론적 신념으로 영글은 인류의 삶
누구나 믿기만 하면 만사형통이란다

자기가 신봉하는 종교만 정교이고
타 종교를 부인하는 유일신 사상이
내전과 종교전쟁을 야기한 근원인데

변질된 종파 중에 오염된 사이비 종교
스스로 하늘인 양 나불대는 설교자
무지한 광신도들만 죽자 살자 섬긴다

인간쓰레기

이 세상 쓰레기는 종류도 각양각색
음식물 재활용 매립용 소각용 등등
그중에
인간쓰레기도 가끔씩 나타난다

인간계 어디든지 쓰레기는 존재하고
생활 속 쓰레기는 어쩔 수 없다지만
변절자
인간쓰레기 감당하기 어려워라

삼천리금수강산 더럽히는 쓰레기
쓰레기 수거차량 수시로 오가는데
어이해
인간쓰레기는 수거하지 못하나

온난화

만발한 꽃의 계절
쉴 짬도 주지 않고

거만한 초여름이
폭염으로 내쫓는다

신속한
계절의 교체
재앙일까 두렵다

떳떳하다면

그 누가
침묵을 금이라고 말했는가
핵심은
말실수를 의식한 것이지만
스스로
떳떳하다면
말 못 할 이유 없다

고위층
심문 도중 묵비권 행사는
헌법에
명시된 권한이라 할지라도
모르쇠
후안무치가
능사는 아니다

멍청한 시인詩人

한없는 멍청이
지지리도 못난이
무엇이 그리 좋아 머리를 동여매고
눈과 귀 열어놓고서 무엇을 재고 있나

무엇이 보고 싶어
무엇을 얻으려고
저렇듯 쏘다니며 이정표를 그리나
그렇듯 측량을 하면 안 먹어도 배부른가

갈증을 참지 못해 길 떠난 나그네여
어느 시절 어느 때든 시절가는 있었고
시인의 줄기찬 행보 시대를 대변하네

김 알렉산드라

한국 중국 러시아어에 능통했던 여장부
조선족 출신 약자 대변 인권운동가
광복을
보지 못하고 비참하게 가신 임

진실은 묻히고 가짜가 설쳐대는
너무나 낯뜨거운 요지경 속 일탈에
모국에
묻히지 못하고 눈 감으신 임이여

어떤 노무자

파죽지세 몰려드는
위기의 순간순간

안전제일 표지판이
너무나 무색한데

가족들 생계 걱정에
담보 잡힌 목숨줄

개성個性의 교훈

학자의 품행은
식견에서 나타나고

농부의 심성은
인심에서 나타나고

누구든 품성에 따라 인격이 결정된다

관료는 청렴해야
직위를 보장받고

정치가 탁월하면
지지는 줄을 서고

민심은 곧 천심이라 무시하면 망하느니

치욕의 흉터

백두대간 명산대천
정기가 흐르는 땅
쇠말뚝 깊은 상처
얼마나 아팠을까
강점기
일제의 만행 지울 수가 없는데

가끔씩 나불나불
망언이 난무함은
우리가 청산 못한
일제 잔재 부산물
아직도
흔적이 남은 부끄러운 자화상

무색하다

돈이면
귀신도 불러 쓸 수 있다는데
세상이 변했다고
천륜마저 변했더냐

나이가 지긋하다고
고물 보듯 하지 마라

속담에
부모가 열 자식은 거추해도
열 자식이 부모 봉양 어렵다
했느니

부모와 자식 사이는
천륜인가 돈인가

미래의 궁금증

달리다 숨 돌리며
지난날 짚어본다

어디쯤 온 것일까
끝자락 어디인가

저 너머
신작로에는
어떤 길이 있을까

방장산에 올라

하루의 품을 내어 방장산을 오르는데
하늘길 오르기가 이렇게 어려운가
가쁜 숨 몰아쉬면서 거북이가 되어본다

깊은 산 깊은 계곡 우거진 수풀마다
분주한 산새들의 종족 번식 먹이활동
이 어찌 인간 세상과 다를 바가 있으랴

산 능선 등산로는 도 경계가 되는 곳
머리 위를 넘나드는 평화로운 흰 구름은
세모시 나붓거리며 봄소식을 고한다

고산준령 위용에 압도당한 내 모습은
경이로운 도솔천에 조용히 몸을 숨겨
속세의 번민을 잊고 삼림욕을 즐긴다

산사태

개발의 미명하에
생채기 난 산기슭

자연의 폭풍우가
지나는 산 길목에

상처로 악화된 곳의
피고름을 짜낸다

노자의 무위자연
되새겨볼 만한데

수풀을 파헤치고
폐기물 불법 매립

무지한 인간의 행위
재앙으로 되받는다

선돌바위

가파른 산등성이 외로운 선돌바위
수만 년 세월 속에 굳어버린 그대여
석양빛 내려다보며 무슨 생각하고 있나

폭풍우 눈보라 온갖 세파 거칠어도
지난한 과거사의 난중일기 넘겨보는
육중한 그대의 모습 장수의 기상이다

이 몸이 다시 한번 환생할 수 있다면
바람에 흔들리는 인간이기보다는
차라리 선돌바위로 억겁이면 어떠리

고진감래

걸식도 해보았소
노숙도 해보았소
그래도 목숨줄은
놓지 않고 버티었소
결과는
분명하였소

지금의 여유로움,

모질고 거친 세상
헤쳐온 상처들은
세월이 약이 되어
흔적은 지워지고
꾸준히
안목을 키워
세상을 바라본다

성패成敗의 차이

안 되면 되게 하자
성공자 명언이고
안 되면 포기하자
실패자 생각이다
지구촌
주인 될 자격
비교되는 두 단면

죽 竹

청허淸虛한 모습으로
속을 비운 대나무여

그대의 굳은 절개
만인의 근본이요

올곧은
선비의 기상氣象
군자 중에 으뜸이라

제4부

竹

나이테

한 해 두 해 지날수록
늘어나는 동그라미

그 속에 산전수전
세파가 굳어 있다

과거의
지난 한 세월
쌓여가는 체험 줄

노년의 서글픔

해 질 녘 노을빛을
바라보고 있노라면
인생의 뒤안길로
접어드는 느낌인데
그 누가
붉은 노을이
아름답다 하는가

황혼이 질 때면
만감이 교차하고
회한과 그리움이
뒤섞여 무거운데
그 누가
인생 말년이
가볍다고 하는가

늙은 감나무

서리 맞은 감나무
까치밥만 남기고

탈색된 이파리는
울면서 떨어져도

타고난
운명이라며
아린 마음 숨긴다

옹골찬 붉은 감은
인간에게 보시하고

두어 개 남은 홍시
날짐승에 보시하고

무자식
상팔자라며
자위自慰하는 감나무

세월 탓

세월은 쉼 없이
조용히 흐르는데
본분을 망각한 채
세월만 기다리다

결국은
때를 놓친 후
입에 붙은 세월 탓

세월은 정직하고
냉정히 흐르는데
세월 낚던 강태공의
흉내를 내더니만

실기失期를
알지 못하고
속아 산다 하더라

고물 할머니

한여름 더위 먹은
할머니와 리어카

어디서 수집했나
폐휴지 상당하다

고물이
고물을 주워
끙끙대며 끌고 간다

자식들 뒷바라지
평생을 보낸 세대

지금은 고물 주워
근근이 살아가는

낯익은
노년의 단면
운명처럼 보인다

고희古稀

새벽같이 일어나
앞만 보고 걸어온 길
일곱 고개 넘고 보니
선경에 든 기분이다
지금은
삼라만상의 이치가 선명하다

이제는 누구의
간섭도 받지 않고
간섭도 하지 않는
나만의 생활방식
끝자락
인생살이가 이만하면 넉넉하다

죽음에 대하여

나는 가끔 죽음을
생각해볼 때가 있다
한 번 왔다 한 번 가는
인생이라는 것뿐
아무리
생각해봐도 해답이 안 나온다

죽음은
번민을 끝내는 순간일까?
일생일대 마지막 의식에 불과할까?
아니면
대자연으로 회귀回歸인가 무상無相인가

염세厭世

하마평 편 가르기
귀청이 터질 지경

인걸은 간곳없고
불우지탄不遇之歎 앓는 소리

먹구름
나를 감싸며
돌부처로 살라네

적선

생각이 아둔한가
타고난 천성인가

개처럼 벌어서
정승처럼 쓰라는 격언

모르쇠
잡지 못하는
헐거워진 손마디

죽림 竹林

하늘을 우러르며 한곳에 터를 잡고
외길만 지향하며 올곧게 뻗은 모습
군자의
늘 푸른 기상 참하고 슬기롭다

바람이 스칠 때 잎새의 서걱거림은
불의不義를 자를 듯한 서슬 퍼런 경고음
탐욕은
밀봉을 시켜 층층이 가둔 모습

수만 명 운집한 죽창 든 동학도들
인내천 보국안민 외침 소리 들리는 듯
죽림의
늠름한 모습 언제 봐도 의연하다

햅 찐쌀(올기 쌀)

덜 여문 벼를 쪄서
말려 찧은 올기 쌀

씹으면 씹을수록
입안 가득 고소한 맛

온 가족
옴죽거리는
입모습이 닮았네

수염이 댓 자라도
먹어야 양반이고

입맛은 다 같은데
남녀가 따로 있나

장유長幼를
따지지 마라
구별 없는 입맛이다

할미꽃

저만큼 산자락
가느다란 옥수 소리

돋아나는 푸르름에
수줍은 아지랑이

등 굽은
활대 하나가 회춘하여 웃는다

자식 사랑

명절 때 자식들이
약간씩 쥐여준 돈
비밀의 서랍장에
꼭꼭 숨겨 놓고서
허수히
쓸 수 없다며
에어컨도 부동자세

길어진 찜통더위
아랑곳하지 않고
뙤약볕 논배미에
구부정한 차림새
촌옹은
더위를 참고
피사리에 열중이다

어머니의 지론

시절이 봄이라고
항상 봄은 아니다

어영부영 덜렁대면
나중에 후회한다

어머니
생전의 지론

내가 무탈했던 이유다

인내의 효과

동장군 칼바람의
위세가 대단해도
이 세상 어디에도
독불장군 있다더냐

봄이면
갈라진 자국
단숨에 회복된다

동토의 혹한 바람
아무리 매서워도
인내의 기간은
기껏해야 한철이다

삼동을
버티고 나면
보상 또한 엄청나다

대물림

늙으면 죽어야 한다
헛살았다 핀잔 마라

세월은 속절없다
머지않아 되받느니

늙은이
닦아놓은 길
촐랑대며 오지 마라

김장철

김장철 시골 마을
두레 작업 한창이다
아낙들 모두 모여
염장의 일 년 농사

이 땅에
살아 숨 쉬는
미풍양속 품앗이

두렛날 정해놓고
아낙들 모여든다
대대로 이어오는
시골의 독특함이

아직도
명맥을 이어
온 동네가 후끈하다

새벽예불

새벽을 불러오는
은은한 범종소리
반야정관 예불로
번뇌를 씻을 적에
어둠은
속진俗塵을 덮고
여명을 지켜본다

샛별도 차가운
꼭두새벽 범종 소리는
산 넘고 물 건너
삼라만상 일깨우고
낭랑한
독경 소리는
산동네를 감싼다

옛 생각

과거야 어쨌든지 현재가 중요한데
가끔씩 새록새록 떠오르는 옛일들
어느덧
그리움 되어 여운을 남긴다

그때의 흔적들을 지우기 어려운데
그립고 아름다운 나만의 사진첩을
먼 훗날
피안의 세계로 옮길 수는 없는가

사모곡

고단한 생활고에
진땀을 흘리면서

길게만 느껴졌던
어머니 간병 기간

긴 병에
효자 없단 말
나를 두고 한 말인가

시대를 원망하며
잊으려 애를 써도

새봄이 올 때마다
덧나는 슬픈 자국

어머니
잠든 무덤에
할미꽃이 외롭네

젓갈

죄 없이 암실 속에
갇혀 지낸 나날들

쓰라린 고통 속에
녹초가 된 쓴 세월

비로소
해탈의 경지
보신하는 깊은 맛

■ 집필을 마치며

누구나 이 땅에 태어나면
주민등록 꼬리표를 달고 다닌다
그 꼬리표 숫자는 인간 고유의
번호판이자 바코드인 셈이다

사람마다 손가락 지문이 다르듯
삶의 방식도 일률적이지 않고
가는 길 또한 천차만별이다

문제는 어떻게 사느냐가 관건인데
어느 식자識者는 이렇게 말했다
자기가 하고 싶은 일을 하는 사람은
행복한 사람이요
자기를 망각하고 사는 사람은
불행한 사람이라고,

누구나 인간의 가치를 평가하기는 어렵다
특히 자기 자신을 평가하기는 더욱 그렇다
주위로부터 박수갈채는 못 받을망정
원만하다는 소리를 들으면 되는 것이다

과거에 어떻게 처신했고
앞으로는 어떻게 처신할지
참과 거짓의 이분법 사고
결과는 자기 몫이다

감히 나를 평가한다면
한 줄의 글을 쓰면서
초연히 살고 있는 내 모습
이만하면 풍족하다
'행복은 마음속에'
2015년에 선보인
수필집 제목이다

해돋이의 눈부신 햇살
해 질 녘의 붉은 노을빛
지금은 회한과 환희가 조용히 일렁인다

나는
오늘도
사유思惟의 창을 열고
첫새벽 여명을 고요히 지켜본다

                    정읍 성황산 끝자락 나만의 공간에서

〈참고〉 이번 시집에는 시 해설을 생략했습니다.
　　　평론은 독자 제위 여러분들의 몫으로 돌립니다.